AF313465

HOMMAGES

RENDUS

A LA MÉMOIRE

DE

GABRIEL-LÉOPOLD

DELAYANT

BIBLIOTHÉCAIRE DE LA VILLE DE LA ROCHELLE,

PROFESSEUR DE PHILOSOPHIE AU LYCÉE,

Chevalier de la Légion-d'Honneur, Officier de l'Université.

LA ROCHELLE

1806—1879

LA ROCHELLE,

TYP. Vᵉ MARESCHAL ET E. MARTIN, RUE DE L'ESCALE.

1879.

Gabriel-Léopold

DELAYANT

1806-1879.

La Rochelle perd encore aujourd'hui un de ses enfants, celui-ci était un savant, un philosophe, un homme de conscience et de devoir. Subitement frappé le samedi, au milieu de ses travaux, M. Gabriel Léopold Delayant, bibliothécaire de la ville, ancien professeur de philosophie au Lycée, chevalier de la Légion-d'Honneur, officier de l'Université, a été enlevé à l'âge de 73 ans, le 24 juin 1879, à l'affection de sa famille, de ses amis.

Les obsèques de notre concitoyen si regretté, ont eu lieu jeudi 26 juin à 8 heures du matin, au milieu d'une assistance nombreuse et recueillie. Les coins du poële étaient tenus par M. Dor, Maire de la Rochelle, M. Ed. Beltremieux , ancien Maire, Conseiller de Préfecture, Président annuel de l'Académie, M. Ch. Courçonnais, Inspecteur d'Académie et M. Paul Romieux, ancien élève, collègue et ami du défunt. Un détachement du 123° de ligne a rendu au légionnaire les honneurs militaires. Un nombreux cortège a accompagné la dépouille mortelle de M. Delayant jusqu'au cimetière, où, après les dernières prières , M. Paul Romieux et M. de Richemond ont pris successivement la parole. On nous saura gré de reproduire, avec toute la presse, ces témoignages de sympathiques regrets.

Paroles prononcées sur la tombe de M. Gabriel-Léopold

DELAYANT.

Messieurs,

Je viens rendre à Léopold Delayant, au nom de ses anciens élèves, un dernier hommage de respect, d'affection et de reconnaissance. Une autre voix émue, comme la mienne, vous retracera, dans sa belle et complète ordonnance, la vie de travail et d'honneur de celui que nous pleurons. Pour moi, son élève autrefois, son collègue en plus d'une circonstance, son ami toujours, je veux rappeler la bienfaisante influence qu'a eue cet éminent éducateur, qui a vu passer sous sa chaire plusieurs générations de jeunes gens ; beaucoup ont disparu, car la mort frappe sans choix l'élève comme le Maître ; d'autres sont devenus presque des vieillards ; il en reste assez parmi ceux qui m'écoutent pour donner un souvenir attendri à leur ancien professeur et ami et se redire avec moi ce qu'étaient sa méthode et ses doctrines.

Nous avions alors l'esprit alerte et curieux, et en franchissant pour la première fois la porte de la classe de philosophie, nous étions intimidés, et par la nouveauté des études que nous abordions et par la personne du professeur, qui, avec ses allures de stoïcien et son dédain des aises de la vie, nous semblait comme l'incarnation de l'idée pure. Quant au professeur on le connut bien vite : son aménité, sa bienveillance, sa patience que nous tentions quelquefois sans la lasser, nous rendaient le travail facile ; quand la matière était complexe ou obscure, il ne se lassait pas de recommencer l'explication, en la variant, en l'éclairant de commentaires, de preuves, d'exemples familiers avec une verve inépuisable, avec l'autorité de l'homme qui a vu la question sous toutes ses faces. Il sollicitait les objections, les interruptions, il les faisait naître au besoin, estimant que, dus-

sions-nous nous tromper, nous aurions toujours gagné quelque chose à assouplir notre
esprit par cet exercice de la réflexion. Quand
ses pensées toujours abondantes se pressaient
trop vite et précipitaient sa diction en la ren-
dant un peu confuse, avec quel bon sourire il
s'arrêtait pour se reprendre et se rendre plus
intelligible ; jamais de ces grands mots, de
ces néologismes à l'allemande, de cette phra-
séologie pédantesque qui a l'air profond et
cache souvent le vide des idées ; il aimait à
prendre ses explications et ses exemples
dans les phénomènes de la vie commune. Il
évitait les expositions nébuleuses, les demi
preuves qui ne prouvent rien, et quand il ren-
contrait sur sa route ces grands problêmes
qui seront éternellement l'attrait, l'effroi et le
désespoir du philosophe, il en proposait, sans
l'imposer, la solution, il nous en faisait sonder
la profondeur, et nous en inspirait le respect
par le respect avec lequel il les traitait. En
résumé, toute sa méthode professorale visait
à un seul but : exercer l'esprit de ses élèves
et rectifier leur jugement, leur apprendre à
user sagement mais virilement de leur raison

dans la sphère des choses rationnelles, c'est-à-dire, en un mot, à penser. Est-il besoin de dire qu'il évitait tout ce qui aurait pu inquiéter les croyances des enfants confiés à ses soins et que la prudence de son enseignement en égalait l'indépendance ? Cette intelligence, vraiment libérale, voulait pour tous la liberté, et c'est ainsi que, sans trouble pour la conscience d'aucun, ses élèves ont pu pendant toute leur vie conserver le fruit des leçons de ce maître aimé et s'approprier ses doctrines.

Ses doctrines, celles de son enseignement, celles de sa vie, elles étaient profondément spiritualistes. Sur toutes les grandes questions qui sont comme le pivôt autour duquel a tourné l'histoire de l'humanité pensante, il nous présentait ces solutions que je nommais tout-à-l'heure bienfaisantes. — Qui sommes-nous ? d'où venons-nous ? où allons-nous ? problèmes brûlants, dont nul ne peut se déssintéresser, qui nous tiennent par la partie la plus intime, la plus vivante de notre esprit !

Il y répondait par ces vérités aussi dignes de la philosophie qu'essentielles à la religion,

l'existence de Dieu et ses attributs infinis,
l'immortalité de l'âme avec la liberté et l'obli-
gation du devoir, la conscience morale avec le
mérite et le démérite, et les espérances éter-
nelles. Ceux qui ont connu seulement en lui
le dialecticien, qui l'ont entendu parfois cher-
cher dans la discussion et soutenir l'argument
contraire, et se faire même à certains moments,
par jeu d'esprit, l'avocat brillant de thèses
originales, mais plus que contestables, ont pu
voir seulement en lui un critique, un douteur.
C'est qu'il était comme ces héros antiques qui
aimaient à jouer avec des armes trop lourdes
pour le vulgaire des combattants. Mais la stu-
dieuse jeunesse qui a profité de ses leçons et
surtout ceux qui l'ont approché de plus près,
savent avec quelle ardeur — dirai-je pas-
sionnée? — il défendait ces hautes vérités que
j'ai à peine énumérées. Elles étaient pour lui
des doctrines mises hors de doute, des croyances arrêtées, et c'était ce qui donnait à
son enseignement le mouvement, la vie et
l'accent de la certitude. Il ne se contentait
pas d'administrer froidement les arguments
de l'Ecole, on sentait à l'entendre qu'il don-

nait quelque chose de lui-même, de ce qu'il prisait le plus en lui-même, son esprit.

Pour nous donc Delayant ne fut pas un sceptique, mais un croyant, un adorateur de Dieu en esprit et en vérité. Il se rattachait d'autant plus à cette solide colonne de la philosophie spiritualiste, que les épreuves de la vie ne lui furent pas ménagées. Plusieurs fois frappé dans ses affections paternelles, par la perte de son fils, de sa fille, de son gendre, il garda saignante jusqu'à la fin sa triple blessure, bien qu'elle fût pansée et partagée par sa chère, tendre et fidèle compagne, et qu'il put reporter sur son petit-fils bien aimé, l'amour et la sollicitude qu'il avait eus pour ceux qui n'étaient plus. Dans ses longues méditations, il vivait, si j'ose le dire, avec ses chers morts de la vie qui ne finit pas ; il se soutenait par la confiance en un Dieu souverainement sage, à qui nous n'avons pas le droit de demander compte de ses volontés. Ces hautes et graves pensées étaient devenues comme l'aliment journalier de son âme. Et je sais un père, frappé comme lui, dont il a plus d'une fois relevé le courage en lui rappelant que, s'il est une consolation aux douleurs sans mesure, elle ne peut résider que dans l'espoir en Dieu et dans la croyance à un monde meilleur où se retrouvent ceux qui se sont aimés sur la terre, et qu'a momentanément séparés la mort.

La mort! doit-on craindre d'en parler devant une fosse ouverte? Delayant y pensait souvent, il en parlait volontiers. Aussi, bien que frappé en pleine activité, au milieu de son travail, la plume à la main dans cette bibliothèque qu'il dirigeait depuis tant d'années, je ne puis pas croire que la mort soit venue comme un voleur le surprendre à l'improviste. Comme le sage du poète il était toujours prêt à partir, la pensée de la mort était la compagne de ses travaux solitaires ; il l'envisageait sans effroi, mais non sans curiosité et sans sollicitude : il y avait là une inconnue, et il n'avait pas la formule nécessaire pour la dégager. Hélas! la solution chrétienne lui manquait : il y eut trouvé le complément de ses doctrines et l'apaisement de son cœur. Comment ce chercheur sincère de la vérité ne l'a-t-il pas goûtée dans sa plénitude? En a-t-

il eu à ses derniers moments, par une grâce
spéciale, la claire vue : c'est un secret entre
Dieu et lui. Pour nous, ses amis, les témoins
de l'existence si pleine, si probe, si noble de
cet homme bon entre les meilleurs, nous avons
l'espérance qu'avec la lumière à laquelle il
aspirait, il a trouvé la récompense qu'il méri-
tait ; et avec une humble confiance je termi-
nerai cet adieu à notre ami Léopold Delayant,
en invoquant pour lui le Maître des vivants et
des morts, par ces paroles de la liturgie : *Quia
in te speravit et credidit , gaudia sempiterna
possideat.*

Messieurs,

L'Académie et le Comité d'inspection de la
bibliothèque imposent à leur secrétaire le re-
doutable honneur de porter la parole dans
cette douloureuse solennité, pour pleurer en-
semble l'homme de bien, qui fut pour nous

tous un maître vénéré, un modèle, un conseiller, qu'il ne suffit pas d'avoir beaucoup
aimé pour le louer dignement et sonder toute
l'étendue de la perte que nous venons de
faire.

Fils d'un lorrain fait officier supérieur sur
le champ de bataille, l'an sept de la Républi-
que, *Gabriel-Léopold DELAYANT* naquit à
la Rochelle le 16 janvier 1806. Doué d'une
grande énergie morale, après de solides études, il se mit résolûment au travail et du 24
avril 1816 au 24 juin 1833, dirigea l'imprimerie
de son aïeul maternel, que dans une récente
étude sur le *Présidial*, il nous montre si profondément dévoué aux idées libérales. En
1828, avec MM. Plessis, Duclos, Emy et Du-
pont, il fonde les cours industriels du soir, an-
técédents de tous les cours d'adultes dont on
s'honore de nos jours.

Licencié ès-lettres, bachelier ès-sciences, il
entre au service de l'Université de France en
1833 et professeur au Collége puis au Lycée
de la Rochelle, il occupe la chaire de qua-
trième, celle de rhétorique et enfin celle de
philosophie depuis 1836 jusqu'en 1869. Des

voix plus autorisées vous ont rappelé les succès de son enseignement.

Membre de la Commission d'instruction primaire, il dirige les « conférences d'instituteurs » qui préparèrent d'abord, secondèrent en-» suite la loi bienfaisante de 1833 », il fait partie de la Commission administrative de l'école normale de Lagord depuis sa fondation, bientôt il la préside , ainsi que la Commission d'examen des aspirants au brevet de capacité pour l'enseignement primaire.

Nommé bibliothécaire de la ville en 1833, associé-correspond nt de la Société nationale des antiquaires de France, Secrétaire puis Président de la Société littéraire, il comptait 37 années de professorat et de services comme bibliothécaire, lorsqu'il fût fait le 14 août 1870 chevalier de la Légion d'honneur. Il était officier d'Académie depuis le 26 juillet 1856, officier de l'Instruction publique depuis le 30 décembre 1869.

Dans l'impossibilité où nous sommes d'énumérer ici tous ses travaux de critique littéraire, de philosophie, de bibliographie, nous devons rappeler les plus importantes de ses publications : l'*Histoire du Siége de la Rochelle*, 1573, traduite de Cauriana, les *Historiens de la Rochelle*, l'*Histoire des Rochelais*, l'*Histoire du département de la Charente-Inférieure* et le *Catalogue de la bibliothèque*, résumé de sa longue expérience d'érudit. Il continua chaque année avec plus de variété, d'importance et d'éclat ses savantes recherches qui se distinguent par la rigueur de la méthode, la sûreté des informations et la sobriété du style.

Parmi ses études philosophiques , une mention spéciale doit être attribuée à la notice sur la *Divine Epopée* d'Alexandre Soumet, où sont exposées tant de vues originales et hardies sur la vie future et les destinées de l'âme immortelle.

J'ai toujours aimé la vérité, a écrit M. Delayant, au frontispice de son *Histoire des Rochelais* et tous ses ouvrages attestent une conscience exempte de tout souci autre que celui de la vérité, aussi la lecture de ses œuvres, viriles,saines et fortifiantes, inspire-t-elle une satisfaction semblable à celle que chacun de nous éprouve à la rencontre d'un honnête

homme. A chaque page de l'histoire, M. Delayant démontre que l'impartialité n'exclut
pas la forte pensée, que la concision de la
forme n'enlève rien à l'intérêt du récit, que
les sources vives où il puise directement pro-
duisent seules des œuvres durables. Quand la
grande lutte des faits lui a manqué et que par
suite sa tâche d'historien est devenue plus
difficile et plus ingrate, son talent naturel de
penseur a su donner un charme nouveau à
l'action moins dramatique. Il s'est peint dans
ses écrits. Son enseignement élevé, pur, loyal
comme son caractère avait l'autorité que
donnent l'austérité de la vie, la générosité des
sentiments et la profondeur de la pensée. Le
respect pour la vérité qui anime tous ses li-
vres est le respect de l'auteur pour son œuvre
et pour le public. Une affirmation historique
de M. Delayant équivaut à une certitude.

Dans les travaux qu'il a fournis pendant de
longues années à la presse départementale,
à la *Charente-Inférieure*, à la *Revue Orga-
nique*, à la *Revue de l'Aunis*, à la *Revue
d'Aquitaine*, au *Courrier de la Rochelle*, à
tous les organes de publicité de notre région

et des départements voisins, M. Delayant se
distingue par sa complète et courageuse indépendance, uniquement préoccupé de signaler
tout ce qu'il estime vrai, bon et utile, toujours
couvert par sa haute raison et sa réserve, il
ne laisse guère passer, sans la traiter, aucune
question de quelque intérêt, il lutte contre
tous les abus et fait toujours preuve d'une
grande netteté de vues, d'une logique et d'une
sincérité inflexibles, abordant les sujets les
plus variés avec une égale compétence.

Outre ces travaux d'érudition patiente où il
a excellé, M. Delayant s'est livré avec une autorité toute particulière à la *bibliographie*
provinciale. Ce qu'il a réuni d'ouvrages rares
et précieux, de plaquettes presque introuva-
bles pour enrichir le dépôt qui lui était confié,
pendant une période de quarante-cinq années
consacrées au travail, aux recherches, il est
plus facile de le concevoir que de l'exprimer.
On peut dire en toute vérité que ce que nous
savons sur notre ville nous est venu par lui,
et son influence sur tout ce qui s'est écrit à la
Rochelle est inappréciable. Gardien vigilant
de la gloire de sa ville natale, il n'a cessé de

recueillir les titres qu'elle avait à l'estime de
ses enfants, et c'est lui qui a été dans nos
murs le promoteur intelligent et infatigable de
tous les actes publics qui avaient pour but de
faire revivre le souvenir des aïeux.

N'est-ce pas aussi l'amour désintéressé qu'il
portait à son pays qui avait fait accepter au
membre de la vieille Académie fondée en 1732,
les fonctions de secrétaire de la Société littéraire
réorganisée en 1874, fonctions qu'il a gardées
pendant vingt-cinq ans. Les annales de cette
Compagnie renferment de lui un grand nom-
bre de travaux sur l'histoire du pays, et la
place qu'il y a tenue a paru assez importante
à ses confrères pour qu'il ait pu être considéré
comme l'âme même de la Société. Voilà ses
titres particuliers à la respectueuse reconnaissance de l'Académie qu'il personnifiait et
résumait en lui.

Il est resté en correspondance suivie avec
les hommes les plus considérables de la
science et il les a servis en plus d'une occa-
sion de ses connaissances spéciales et de son
érudition, si bien, Messieurs, que l'on peut
affirmer qu'il ne s'est pas écrit en France de-

puis quarante ans, un seul livre touchant par quelque côté à des faits ou à des personnages de notre histoire provinciale, pour lequel il n'ait pas fourni quelque précieuse communication.

L'influence du savoir de M. Delayant n'a pas en effet été limitée à notre ville, elle a rayonné au loin par suite des obligeantes directions que son érudition toujours sûre et bienveillante inspirait à tous les travailleurs qui venaient moins consulter la bibliothèque que le bibliothécaire, et à côté des noms de Jaillot, d'Arcère, de Callot et de Daniel Massiou, son nom sera inscrit parmi ceux des savants historiens qui ont le plus honoré la ville de la Rochelle. Quelle mémoire sûre et bien meublée ! Comme il possédait la tradition de toute notre histoire locale ancienne et moderne ! A cet égard encore, la perte est irréparable !

L'œuvre de M. Delayant eût pu prendre pour devise celle de son émule Eusèbe Castaigne, auquel Angoulême élevait naguère une statue.

« *Vivitur ingenio, cœtera mortis erunt;*

» L'esprit seul est immortel, tout le reste
» est périssable. »

Le cœur excellent et si profondément tendre
de M. Delayant a été déchiré par les épreuves
les plus douloureuses, les plus cruelles sépa-
rations. Il avait perdu successivement un fils
auquel le plus bel avenir semblait réservé,
une fille chérie, un gendre sur lequel il avait
reporté son affection et malgré son énergie,
avec la digne compagne de sa vie et le petit-
fils qui leur restait, il conserva toujours la
blessure saignante de tant d'espérances trom-
pées.

En présence de coups si redoublés, on se
surprend à douter de l'amour de Dieu, mais
bien au contraire, dans ses voies mystérieuses
et paternelles, Dieu frappe ceux qu'Il aime, Il
nous appelle à Lui, Il nous attire en haut, Il
tourne nos regards vers la cité éternelle, et
c'est la seule consolation des cœurs brisés
avec lesquels nous pleurons.

« Ceux qui sont partis pour un monde meilleur, vivent encore pour ceux qu'ils ont laissés ici-bas. Ils sont là-haut réunis, à l'abri de tous les orages, vainqueurs du mal, et ils nous disent: Venez avec nous dans notre éternelle félicité, unissez-vous à nos chants de louanges , partagez notre adoration, notre amitié, nos progrès, notre amour. Ils nous disent : Cultivez maintenant dans votre vie terrestre cet esprit et cette vertu du Christ qni sont le commencement et l'aurore du Ciel, et bientôt avec une amitié plus qu'humaine, nous vous accueillerons dans notre immortalité ! » (W. E. Channing).

Adieu, maître vénéré, adieu ! Votre souvenir impérissablement lié à notre ville vivra dans nos cœurs et dans la reconnaissance de ceux qui viendront après nous ! Adieu, et au revoir dans un monde meilleur !

On n'indique que les titres des œuvres de **M. L.**
Delayant, qui existent à la Bibliothèque de la Rochelle.
La liste complète de ses travaux serait impossible à donner
ici , en raison de son étendue , car il n'est presque aucune
branche de nos connaissances, dont il n'ait fait l'objet de ses
études.

L. DELAYANT.

Notice sur la divine Epopée , d'Al. Soumet—1841 , in-8°
(12178).
Etudes Rochelaises.—Historiens de la Rochelle (1873, in-8°).
Philippi Caurianœ. — De obsidione Rupellœ commentarius ,
latin français , avec une étude bibliographique sur le
siége de 1573. — 1856, in-8° (3063).
Histoire des Rochelais racontée à Julien Méneau par son
grand-père. — 1870. 2 in-8° (3083).
Histoire du département de la Charente-Inférieure, 1 in-12.
— 1872. (2957).
Catalogue de la bibliothèque de la ville de la Rochelle. —
1878, in-8°.
Etudes rochelaises. — Essais historiques et notices insérés
dans différents recueils. — 2 in-8°. (2986-3389).
Notices sur Samuel Champlain, (2986) l'abbé Cholet (2990).
J.B.-E. Jourdan (3084). Aliénor d'Aquitaine. — 1876, in-8°
(3490).
Du Présidial de la Rochelle, in-8°.—1878 (3318ª).
Notices historiques sur les Sociétés des lettres , sciences et
arts de la Rochelle.—1873, in-8° (3387).
Collaboration à la statistique de la Charente-Inférieure.—
1839 (2930).
Bibliographie rochelaise (1228 articles), mss. in-4° (3062).
Papiers L. Delayant , dans deux cartons de bureau , mss.
(3425).
Pièces justificatives de l'histoire des Rochelais. — Liste des
chartes relatives à l'Aunis et à l'évêché de la Rochelle.—
Histoire de l'imprimerie, de l'instruction publique, etc.
Biographie Rochelaise , mss. (3488).
Etudes sur les moralistes, mss.
Etudes littéraires et philosophiques , mss.

www.ingramcontent.com/pod-product-compliance
Ingram Content Group UK Ltd.
Pitfield, Milton Keynes, MK11 3LW, UK
UKHW031708170726
13836UKWH00001B/110